AF232215

ALPHABET

ET

ABRÉGÉ

DE LA

DOCTRINE CHRÉTIENNE,

A L'USAGE

DES ÉCOLES CATHOLIQUES.

PORRENTRUY,

de l'Imprimerie de DECKHERR.

1812.

Alphabet.

A a b c d e f g h i j
k l m n o p q r s f t
u v x y z.

Lettres Capitales Romaines.

A B C D E F G H I J K
L M N O P Q R S T U V
X Y Z.

Lettres courantes italiques.

A a b c d e f g h i k l m n
o p q r s f t u v x y z.

Lettres liées ensemble.

ff fi ffi ft fl ffl fi ffi ct æ œ w &.

Les cinq Voyelles.

a e i o u et y.

Les dix-neuf Consonnes.

b c d f g h (aspirée) j k l m n
p q r s t v x z.

Les quatre sortes d'e.

L'*é* fermé, comme bé, cé, dé; l'*é* ouvert long, comme bê, cê, dê; l'*è* ouvert bref, comme bè, cè, dè; l'*e* muet, comme be, ce, de.

Les Syllabes, ou assemblages de lettres qui se prononcent en une seule émission de voix.

ba	bé	bê	be	bi	bo	bu
ca	cé	cê	ce	ci	co	cu
da	dé	dê	de	di	do	du
fa	fé	fê	fe	fi	fo	fu
ga	gé	gê	ge	gi	go	gu
ha	hé	hê	he	hi	ho	hu
ja	jé	jê	je	ji	jo	ju
la	lé	lê	le	li	lo	lu
ma	mé	mê	me	mi	mo	mu
na	né	nê	ne	ni	no	nu
pa	pé	pê	pe	pi	po	pu
qua	qué	quê	que	qui	quo	quu

ra	ré	rê	re	ri	ro	ru
sa	sé	sê	se	si	so	su
ta	té	tê	te	ti	to	tu
va	vé	vê	ve	vi	vo	vu
xa	xé	xê	xe	xi	xo	xu
za	zé	zê	ze	zi	zo	zu

bla	blé	blê	ble	bli	blo	blu
bra	bré	brê	bre	bri	bro	bru
chra	chré	chrê	chre	chri	chro	chru
cla	clé	clê	cle	cli	clo	clu
dra	dré	drê	dre	dri	dro	dru
fra	fré	frê	fre	fri	fro	fru
gla	glé	glê	gle	gli	glo	glu
gna	gné	gnê	gne	gni	gno	gnu
gra	gré	grê	gre	gri	gro	gru
gua	gué	guê	gue	gui	guo	guu
pla	plé	plê	ple	pli	plo	plu
pra	pré	prê	pre	pri	pro	pru
pha	phé	phê	phe	phi	pho	phu
spa	spé	spê	spe	spi	spo	spu
sta	sté	stê	ste	sti	sto	stu

tla · tlé tlê · tle tli · tlo · tlu
tra tré trê tre tri tro tru
tha thé thê the thi tho thu
vra vré vrê vre vri vro vru

Les voyelles nasales, qui se prononcent un peu du nez.

Am, an, ean; em, en; im, in;
aim, ain; ein; om, on; um, un,
eun.

L'*y* grec n'est autre chose que
deux i: moyen, moi-ien.

Les Accens.

Accent aigu : bonté.
Accent grave : mère.
Accent circonflexe : arrêt.
Le Tréma : ë, ï, ü, Israël,
Isaïe, Saül.
La Cédille : ça, ço, çu.

La Ponctuation.

La virgule , Le point avec la

virgule ; Les deux points : Le point .
Le point interrogatif ? Le point d'ad-
miration ! L'apostrophe ' Le trait
d'union — La Parenthèse ( ).

Chiffres Arabes.

1 un, 2 deux, 3 trois, 4 quatre,
5 cinq, 6 six, 7 sept, 8 huit, 9 neuf,
o zéro, qui étant mis après les autres
les augmente de dix, comme : 10, 20,
30, 40, 50, 60, 70, 80, 90, 100,
1000, 10000, etc.

Chiffres Romains.

I un, II deux, III trois, IV quatre, V cinq, VI six, VII sept, VIII
huit, IX neuf, X dix, XI onze, etc.
XX vingt, XXX trente, XL quarante, L cinquante, LX soixante,
XC quatre-vingt-dix, C cent, CC
deux cents, CCC trois cents, CD quatre cents, D cinq cents, M mille.

Abrégé de la Doctrine chrétienne.

I. Leçon.

Qui est le cré-a-teur du ciel et de la ter-re?

Dieu é-ter-nel, Pè-re, Fils et Saint-Esprit, un seul Dieu en trois person-nes.

Pour-quoi Dieu nous a-t-il mis au mon-de?

Pour le con-naî-tre, l'ai-mer, le ser-vir, et par ce moyen ob-te-nir la vie é-ter-nel-le.

Quel-le se-ra cet-te vie é-ter-nel-le?

De voir Dieu é-ter-nel-le-ment tel qu'il est, et de l'ai-mer sans pou-voir ja-mais le per-dre.

Qu'est-ce que Dieu?

Dieu est le cré-a-teur du ciel et de la ter-re, et le sou-ve-rain Sei-gneur de tou-tes cho-ses.

Où est Dieu?

Dieu est au ciel, sur la ter-re et en tout lieu.

Dieu voit-il tout?

Oui: il voit jus-qu'à nos plus se-crè-tes pen-sées.

Y a-t-il plusieurs Dieux?
Non: il n'y a qu'un seul Dieu.

II. Leçon.

Com-bien y a-t-il de per-son-nes en Dieu?

Il y a trois per-son-nes en Dieu.
Quel-les sont ces trois per-son-nes?

Le Pè-re, le Fils, et le Saint-Es-prit; et c'est ce que nous ap-pe-lons la Sain-te Tri-ni-té.

Qu'est-ce donc que le mys-tè-re de la Sain-te Tri-ni-té?

C'est un seul Dieu en trois per-son-nes.

Le Pè-re est-il Dieu ?

Oui.

Le Fils est-il Dieu ?

Oui.

Le Saint-Es-prit est-il Dieu ?

Oui.

Ce sont donc trois Dieux ?

Non : ce sont trois per-son-nes dis-tinc-tes qui ne sont pour-tant qu'un seul Dieu.

Pour-quoi ne sont-el-les qu'un seul Dieu ?

Par-ce qu'el-les n'ont qu'u-ne seu-le et mê-me na-tu-re, u-ne seu-le et mê-me di-vi-ni-té.

Ces trois per-son-nes sont-el-les é-ga-le-ment par-fai-tes ?

Oui : el-les sont aus-si par-fai-tes l'u-ne que l'au-tre.

III. Leçon.

*Qu'est-ce que le mys-tè-re de l'in-
car-na-tion ?*

C'est Dieu le Fils, la se con-de
per-son-ne de la Ste. Tri-ni-té, qui
s'est fait hom-me pour nous.

Dieu le Pè-re s'est-il fait hom-me ?

Non: il n'y a que Dieu le Fils, qui
se soit fait hom-me.

*Dieu le St.-Es-prit s'est-il fait
hom-me ?*

Non: il n'y a que Dieu le Fils,
qui se soit fait hom-me.

*Que veut di-re, que Dieu le Fils
s'est fait hom-me ?*

Ce-la veut di-re, qu'il a pris un corps
et u-ne a-me sem-bla-bles aux nô-tres.

*Quel jour le Fils de Dieu s'est-il
fait hom-me ?*

Le jour de l'an-non-cia-tion de
la Ste. Vier-ge.

Où le Fils de Dieu s'est-il fait hom-me ?

Dans le sein de la bien-heu-reu-se Vier-ge Ma-rie sa mè-re.

Com-ment ce-la s'est-il fait ?
Par l'o-pé-ra-tion du St. Es-prit.

Pour-quoi le Fils de Dieu s'est-il fait hom-me ?

Pour nous ra-che-ter de l'es-cla-va-ge du pé-ché, des pei-nes de l'en-fer, et nous mé-ri-ter le pa-ra-dis.

Com-ment ap-pel-le-t-on le Fils de Dieu fait hom-me ?

On l'ap-pel-le Jé-sus-Christ.

IV. Leçon.

Qu'est-ce que Jésus-Christ ?

Jésus-Christ est Fils de Dieu dans l'éternité, et de la Vierge Marie dans le temps.

Jésus-Christ est-il vrai Dieu et vrai homme ?

Oui : Jésus-Christ est vrai Dieu et vrai homme.

Quel jour Jésus-Christ est-il né ?

Le jour de Noël.

Où est né Jésus-Christ ?

A Bethléem, dans une pauvre étable.

Pourquoi Jésus-Christ est-il né dans un si pauvre état ?

Pour nous apprendre à aimer la pauvreté, l'humilité et les souffrances.

Quel jour Notre-Seigneur a-t-il été circoncis et nommé Jésus ?

Le huitième jour après sa naissance, jour qu'on appelle la circoncision.

Que veut dire ce mot Jésus ?

Jésus veut dire Sauveur.

Que veut dire Christ ?

Christ veut dire oint ou sacré.

V. Leçon.

Quel jour Jésus-Christ fut il adoré des Mages ?

Le jour de l'Epiphanie, appelé le jour des Rois.

Quel jour Jésus-Christ fut-il présenté au temple ?

Le jour de la purification de la Ste. Vierge, qu'on appelle la Chandeleur.

Combien Jésus-Christ a-t-il vécu sur la terre ?

Environ trente-trois ans et trois mois.

Comment Jésus-Christ nous a-t-il rachetés ?

En souffrant et mourant pour nous.

Comment Jésus-Christ est-il mort ?
Par le cruel supplice de la croix.

Quel jour Jésus-Christ est-il mort ?
Le vendredi saint.

Jésus-Christ est-il mort comme Dieu ou comme homme ?

Jésus-Christ est mort comme homme, il ne pouvoit mourir comme Dieu : mais comme Dieu il a donné un prix infini à ses souffrances.

VI. Leçon.

Quel jour J. C. est-il ressuscité ?

Le jour de Pâques, le troisième jour après qu'il eut été mis dans le tombeau.

Combien de temps a demeuré J. C. sur la terre après sa résurrection ?

Quarante jours ; en instruisant et consolant ses apôtres.

Quel jour J. C. est-il monté au ciel ?

Le jour de l'Ascension, le quarantième jour après sa résurrection.

Comment J. C. est-il monté au ciel ?

Il y est monté par sa propre vertu en présence de ses disciples.

Quel jour Jésus-Christ a-t-il en-
voyé le St. Esprit ?

Le jour de la Pentecôte, dix jours
après son ascension dans le ciel.

Qu'est-ce que le St. Esprit ?

C'est la troisième personne de la
Ste. Trinité, qui procède du Père
et du Fils.

Où est maintenant Jésus-Christ ?

Jésus-Christ comme Dieu est par-
tout, et comme homme il est au ciel
et au St. Sacrement de l'Autel.

Jésus-Christ ne reviendra t-il plus
visiblement sur la terre ?

Oui : il y reviendra à la fin du mon-
de pour juger tous les hommes.

VII. Leçon.

Etes-vous Chrétiens ?

Oui : je suis Chrétien par la grace
de Dieu.

Qu'est-ce qu'un Chrétien ?

C'est celui qui est baptisé, et qui croit et professe la doctrine chrétienne.

Qu'est-ce qu'un bon Chrétien ?

C'est celui qui montre sa foi par ses œuvres.

Qu'est-ce qu'un mauvais Chrétien ?

C'est celui qui dément sa foi par sa conduite.

Y a-t-il quelque signe qui serve à faire connaître que nous sommes Chrétiens ?

Oui : le signe de la Croix.

Faites le signe de la Croix ?

† Au nom du Père et du Fils et du St. Esprit.

Quand faut-il faire le signe de la Croix ?

Le matin en se levant, le soir en se couchant, au commencement et à la fin de nos principales actions.

N'y

N'y a-t-il pas des occasions particulières où l'on fait le signe de la Croix ?

Oui : on le fait dans les grands périls, et sur-tout dans le péril et l'occasion du péché.

Qu'est-ce qu'un Chrétien est obligé de savoir sous peine de péché ?

Il est obligé de savoir l'Oraison Dominicale, avec la Salutation Angélique, le Symbole des Apôtres, les Commandemens de Dieu et de l'Eglise, les devoirs de son état, et ce qui est nécessaire pour participer dignement aux Sacremens, qu'il doit recevoir.

VIII. Leçon.

Récitez l'Oraison Dominicale ?

Notre Père, qui êtes aux Cieux ! Que votre nom soit sanctifié !

2. Que votre règne arrive. 3. Que votre volonté soit faite sur la terre comme dans le ciel. 4. Donnez-nous aujourd'hui notre pain de chaque jour. 5. Pardonnez-nous nos offenses, comme nous pardonnons à ceux qui nous ont offensés. 6. Et ne nous laissez pas succomber à la tentation. 7. Mais délivrez-nous du mal. Ainsi soit-il.

Récitez la Salutation Angélique ?

1. Je vous salue, Marie, pleine de grace, le Seigneur est avec vous : 2. Vous êtes bénie entre toutes les femmes, et Jésus le fruit de vos entrailles est béni. 3. Sainte Marie Mère de Dieu, priez pour nous, pauvres pécheurs, maintenant et à l'heure de notre mort. Ainsi soit-il.

Récitez le Symbole des Apôtres ?

1. Je crois en Dieu le Père tout-puissant, Créateur du ciel et de la

terre ; 2. Et en Jésus-Christ, son Fils unique, notre Seigneur ; 3. Qui a été conçu du St. Esprit, est né de la Vierge Marie ; 4. A souffert sous Ponce Pilate, a été crucifié, est mort, a été enséveli ; 5. Est descendu aux enfers, le troisième jour est ressuscité des morts ; 6. Est monté aux cieux, est assis à la droite de Dieu le Père tout-puissant ; 7. D'où il viendra juger les vivans et les morts. 8. Je crois au Saint-Esprit : 9. La sainte Eglise catholique ; la communion des Saints ; 10. La rémission des péchés ; 11. La résurrection de la chair ; 12. La vie éternelle. Ainsi soit-il.

IX. Leçon.

Notre ame mourra-t-elle ?

Non : elle est immortelle.

Que deviendra donc notre ame après notre mort ?

Elle paraîtra devant Dieu, pour être jugée.

Sur quoi serons-nous jugés ?

Sur le bien et le mal, que nous aurons faits pendant la vie.

Où ira notre ame après ce jugement particulier ?

Elle ira en paradis, ou en enfer, ou en purgatoire; selon qu'elle l'aura mérité.

Que faut-il faire pour aller en Paradis ?

Il faut garder les Commandemens de Dieu et de l'Eglise.

Combien y a-t-il de Commandemens de Dieu ?

Il y en a dix.

Récitez les Commandemens de Dieu?

1. Un seul Dieu tu adoreras, et aimeras parfaitement.

2. Dieu en vain tu ne jureras, ni autre chose pareillement.

3. Les Dimanches tu garderas, en servant Dieu dévotement.

4. Tes père et mère honoreras, afin de vivre longuement.

5. Homicide point ne seras, de fait, ni volontairement.

6. Luxurieux point ne seras, de corps, ni de consentement.

7. Le bien d'autrui tu ne prendras, ni retiendras à ton escient.

8. Faux témoignage ne diras, ni mentiras aucunement.

9. L'œuvre de chair ne désireras qu'en mariage seulement.

10. Biens d'autrui ne convoiteras, pour les avoir injustement.

Récitez les Commandemens de l'Eglise ?

1. Les fêtes tu sanctifieras, qui te sont de commandement.

2. Les dimanches Messe ouïras, et les fêtes pareillement.

3. Tous tes péchés confesseras, à tout le moins une fois l'an.

4. Ton Créateur tu recevras, au moins à Pâques humblement.

5. Quatre-Temps, Vigiles jeûneras, et le Carême entièrement.

6. Vendredi chair ne mangeras, ni le samedi mêmement.

X. Leçon.

Combien y a-t-il de Sacremens ?
Il y en a sept : 1. le Baptême, 2. la Confirmation, 3. l'Eucharistie, 4. la Pénitence, 5. l'Extrême-Onction, 6. l'Ordre, 7. et le Mariage.

Quel est le plus nécessaire des Sacremens ?

C'est le Baptême.

Pourquoi le Baptême est-il le plus nécessaire des Sacremens ?

Parce que sans le Baptême nous ne pouvons pas être sauvés.

Qu'est-ce qu'un Sacrement ?

Un Sacrement est un signe sensible institué par notre Seigneur Jésus-Christ pour nous sanctifier.

Qu'est-ce que le Sacrement de Baptême ?

Le Baptême est un Sacrement qui nous fait Chrétiens, enfants de Dieu et de l'Eglise.

Qu'est-ce que le Sacrement de Confirmation ?

La Confirmation est un Sacrement qui nous donne le Saint-Esprit et nous rend parfaits Chrétiens.

Qu'est-ce que le Sacrement de l'Eucharistie?

L'Eucharistie est un Sacrement qui contient réellement et substantiellement le corps, le sang, l'ame et la divinité de N. S. J. C., sous les espèces ou apparences du pain et du vin.

Qu'est-ce que le Sacrement de Pénitence?

La Pénitence est un Sacrement qui remet les péchés commis après le Baptême.

XI. Leçon.

Qu'est-ce que le péché?

Le péché est une désobéissance à la loi de Dieu.

Combien y a-t-il de sortes de péchés?

Il y en a de deux sortes, le péché originel et le péché actuel.

Qu'est-ce que le péché originel?

Le péché originel est celui que

nous apportons dès notre origine, c'est-à-dire en naissant.

Qu'est-ce que le péché actuel ?

Le péché actuel est celui que nous commettons étant parvenus à l'âge de raison.

Combien y a-t-il de sortes de péchés actuels ?

Il y en a de deux sortes : le mortel et le véniel.

Qu'est-ce que le péché mortel ?

Le péché mortel est celui qui donne la mort à l'ame en lui ôtant la vie de la grace.

Quand est-ce qu'on péche mortel- ment ?

Quand on viole la loi de Dieu en matière considérable, et avec un parfait consentement.

Qu'est-ce que le péché véniel ?

Le péché véniel est celui qui n'ôte

pas entièrement la grace, mais qui l'affaiblit et qui dispose au péché mortel.

Est-ce un grand mal que le péché
véniel ?

Oui : sur-tout lorsqu'on le commet avec une volonté délibérée ; et il faut en avoir une grande horreur.

Que mérite le péché mortel ?

Une peine éternelle.

Que mérite le péché véniel ?

Des peines temporelles en ce monde ou en l'autre.

Faut-il beaucoup de péchés mortels
pour être damné ?

Il n'en faut qu'un seul : les démons sont damnés pour un seul péché d'orgueil.

Quels sont les péchés que les enfans
doivent spécialement éviter ?

Ce sont les irrévérences dans les églises et les juremens, les désobéissances et les mensonges, les larcins et les querelles, la gourmandise et les immodesties, et d'autres semblables péchés qui conduisent à de plus grands.

XII. Leçon.

Qu'est-ce que la Foi ?

La Foi est une vertu surnaturelle, par laquelle nous croyons en Dieu et à tout ce qu'il a révélé à son église.

Pourquoi devons-nous croire ce que Dieu a révélé ?

Parce que Dieu est la sagesse et la vérité même, qui ne peut ni tromper ni être trompé.

Que devons - nous savoir et croire en particulier, pour être sauvés ?

Nous devons savoir et croire en particulier : 1. Qu'il n'y a qu'un seul Dieu en trois personnes, le Père, le Fils et le St. Esprit ; 2. Que Dieu

le Fils la seconde personne de la Ste.
Trinité s'est fait homme , et qu'il est
mort en croix pour nous sauver ; 3.
Que notre ame est immortelle ; 4.
Qu'il y a un paradis pour récompen-
ser éternellement les bons , et un
enfer pour punir éternellement les
méchans.

Qu'est-ce que l'Espérance ?

L'espérance est une vertu surnaturelle , par laquelle nous attendons
la vie éternelle que Dieu a promise
à ses serviteurs.

Pourquoi devons-nous espérer ce
que Dieu nous a promis ?

Parce que Dieu est infiniment bon,
tout-puissant et fidèle en ses promesses.

Qu'est-ce que la Charité ?

La Charité est une vertu surnaturelle , par laquelle nous aimons Dieu

par-dessus toutes choses et notre prochain comme nous-mêmes.

*Pourquoi devons-nous aimer Dieu
par-dessus toutes choses?*

Parce qu'il est infiniment parfait
et aimable en lui-même, et souverainement bon à notre égard.

*Pour quelle raison devons aimer le
prochain comme nous-mêmes?*

Pour l'amour de Dieu qui nous le
commande.

XIII. Leçon.

Faites un acte de Foi?

Mon Dieu, je crois fermement
tout ce que la sainte église catholique,
apostolique et romaine m'ordonne de
croire; parce que c'est vous, ô vérité
infaillible, qui le lui avez révélé.

Faites un acte d'Espérance?

Mon Dieu, j'espère avec une ferme

confiance que vous me donnerez, par les mérites de Jésus-Christ, votre grace en ce monde, et, si j'observe vos commandements, votre gloire dans l'autre ; parce que vous me l'avez promis, et que vous êtes souverainement fidèle dans vos promesses.

Faites un acte de Charité ?

Mon Dieu, je vous aime de tout mon cœur et par-dessus toutes choses ; parce que vous êtes infiniment bon et infiniment aimable : j'aime mon prochain comme moi-même, pour l'amour de vous.

Faites un acte de Contrition avec le ferme propos ?

Mon Dieu, j'ai une extrême douleur de vous avoir offensé, parce que vous êtes infiniment bon, infiniment aimable et que le péché vous déplait ; je fais un ferme propos, moyennant votre sainte grace, de ne plus vous offenser, et de faire pénitence.

Dites le Confiteor ou je confesse?

Je confesse à Dieu tout-puissant, à la bienheureuse Marie toujours Vierge, à St. Michel Archange, à St. Jean-Baptiste, aux Apôtres St. Pierre et St. Paul, à tous les Saints, et à vous, mon Père, que j'ai beaucoup péché par pensées, par paroles et par actions: c'est ma faute, c'est ma faute, c'est ma très-grande faute. C'est pourquoi je prie la bienheureuse Marie toujours Vierge, St. Michel Archange, St. Jean-Baptiste, les Apôtres St. Pierre et St. Paul, tous les Saints, et vous, mon Père, de prier pour moi le Seigneur notre Dieu.

Faites un acte d'Adoration?

Humilié devant vous, ô mon Dieu! j'adore votre majesté suprême; je reconnais ma dépendance de vous, et le pouvoir absolu que vous avez sur moi et sur toutes les créatures. Que toute la terre vous adore, ô mon Dieu! et que je vous rende en tout temps le culte et et l'obéissance que je vous dois.

Faites la bonne Intention?

Souverain Seigneur, Principe et Fin de toutes choses! je m'offre entièrement à vous, et tout ce que je ferai et souffrirai aujourd'hui, en union des mérites de N. S. J. C., pour l'expiation de mes péchés, et pour obtenir de vous les graces nécessaires à mon salut. Ne permettez pas, Seigneur, que j'aye jamais d'autre intention, que celle de vous plaire et d'accomplir en toutes choses votre sainte volonté.

Tout pour la plus grande gloire de Dieu.

www.ingramcontent.com/pod-product-compliance
Lightning Source LLC
Chambersburg PA
CBHW071414030726
47594CB00006B/2441